AF360147

TROIS NAISSANCES ILLUSTRES

SAINT LOUIS

CHARLES IV

FERNEL

PARIS

A. PICARD & FILS

Libraires-éditeurs

82, RUE BONAPARTE, 82

1900

TROIS NAISSANCES ILLUSTRES

SAINT LOUIS

CHARLES IV

FERNEL

Ioannes Fernelius, Claromontano-Bellouacus, Doctor,
Medicus Parisiensis, et Christianissimi Francorum Regis
Henrici II. Medicus primarius. Obijt anno Christi 1558.
Aprilis 26. Ætatis 52.

AVANT-PROPOS

Les études qui suivent, ont été écrites spécialement pour les Clermontois. J'ai voulu simplement, en résumant des articles inconnus aux uns ou aux autres, en rassemblant quelques renseignements çà et là consignés dans des pages ignorées, mettre certains de mes compatriotes, curieux de l'histoire de leur pays, au courant des dernières découvertes de l'érudition, et détruire, autant qu'il était en moi, des légendes souverainement maîtresses, des erreurs étalées un peu partout dans les œuvres locales. C'est là toute mon ambition.

On ne trouvera donc point ici du nouveau, sauf peut-être en ce qui concerne la maison du *Cygne* où demeura Fernel. J'aurai dû plusieurs détails sur cette ancienne hôtellerie clermontoise à la bonne grâce vivement appréciée, avec laquelle M⁰ Dufrénoy m'a ouvert ses vieux protocoles. Je le prie d'agréer le témoignage public de ma reconnaissance. Je remercie également Madame Mouquet, qui a bien voulu me communiquer les titres de sa maison, et M. André Ponthault, un amateur de Mayenne qui, pour illustrer cette modeste brochure, a reproduit habilement un portrait de Fernel conservé à la bibliothèque municipale de Clermont.

E. L.

TROIS NAISSANCES ILLUSTRES

Saint-Louis, Charles IV, Fernel

I

SAINT LOUIS

« La Neuville-en-Hez (Oise) et Poissy (Seine-et-Oise) se disputent l'honneur d'avoir donné le jour à saint Louis, roi de France. Les prétentions de la Neuville-en-Hez sont-elles fondées ? Celles de Poissy doivent-elle être écartées ? » C'est en ces termes que M. l'abbé Morel, curé de Chevrières, auteur estimé de plusieurs ouvrages sur le Beauvaisis, pose à nouveau, dans une élégante brochure (1), une question agitée depuis deux siècles et non encore, dit-il, résolue d'une manière définitive.

La querelle sur ce sujet ne s'engagea réellement que dans le second quart du XVIIIe siècle. Jusqu'à cette époque, on avait accepté à peu près généralement un fait attesté par des documents presque contemporains et l'on regardait Poissy comme le pays natal du pieux roi. Mais au mois de février 1735, encouragé par les éloges de deux critiques éminents comme l'étaient Montfaucon et l'abbé Lebeuf, un avocat, M. Maillard, « laissa paraître, s'il ne publia pas lui-même dans le *Mercure* », un extrait d'une dissertation, où il concluait que saint Louis était né à la Neuville. Ne citait-il pas et le conseiller au présidial de Beauvais, Simon, n'avait-il pas mentionné (2) trois chartes émanées de la chancellerie royale qui l'affirmaient positivement ?

Aux preuves mises en avant par l'avocat, le Père Mathieu Texte, un dominicain qui voulait défendre les gloires de son ordre, opposa des chroniques et une charte également émanée de la chancellerie royale où le petit-fils de saint Louis, Philippe le Bel, constatait l'affection qu'avait éprouvée son aïeul pour le lieu de

(1) *La Naissance de saint Louis à la Neuville-en-Hez*. Beauvais, D. Père, 1897, in-8°, 36 pages. — Je mentionne seulement la tradition suivant laquelle Blanche de Castille, allant en Bretagne, se serait arrêtée au Bourgnouvel (aujourd'hui commune de Belgeard, dans la Mayenne), et même y aurait mis au monde saint Louis (Lefizelier : *Département de la Mayenne. Hist. par communes ; arrondissement de Mayenne*, p. 41. — Bibl. municip. de Laval, mss. 10973⁴). Cela ne se discute pas.
(2) *Additions à l'histoire du Beauvoisis*, p. 46.

son origine, Poissy, *originis sue solum*. On batailla dès lors sur le sens exact qu'avaient au Moyen-Age les mots *origo, oriundus*, rencontrés dans les documents de près d'un siècle postérieurs au fait contesté. La discussion prit fin par une retraite plus ou moins habile que l'abbé Lebeuf se ménagea, en conseillant à son adversaire de ne plus revenir à une matière aussi ingrate et de traiter un sujet plus intéressant pour les lecteurs du *Mercure* (1).

Je ne veux pas raconter, après M. de Lépinois (2), les diverses reconnaissances et les escarmouches qui se firent par la suite et dont il terminait le récit en se bornant « à conclure que si saint Louis continue à être né à la Neuville pour les habitants de cette localité, il est né à Poissy et le sera longtemps encore pour l'Académie des inscriptions et belles-lettres ».

Le livre posthume de cet érudit était à peine mis au jour, que la découverte à la Neuville, dans les greniers de la maison commune, au milieu d'autres papiers qui tombaient en pourriture, des chartes originales invoquées par Maillard et qu'on croyait perdues à jamais ; le projet, réalisé depuis par le duc d'Aumale, d'une statue du saint roi qui se dresserait sur les ruines du vieux château féodal, à l'orée de la forêt, donnèrent un renouveau d'actualité à cette question de la naissance de Louis IX. M. l'abbé Boufflet, curé-archiprêtre de Clermont, l'examina à son tour et soutint les prétentions de La Neuville (3). M. l'abbé Morel a repris et développé, avec plus de science et beaucoup d'habileté, ses arguments empruntés à Maillard et à l'abbé Lebeuf. Est-ce avec raison ?

On pourrait s'étonner qu'il faille discuter sur ce sujet ; il semble que la naissance d'un enfant royal dût être marquée comme un événement important, notée comme une chose heureuse. En réalité, il n'en fut presque jamais ainsi au Moyen-Age. Louis VIII eut de Blanche de Castille plusieurs enfants : on n'en sait point le nombre. La venue au monde de saint Louis, qui était alors un cadet, dit M. Berger, ne paraît pas avoir causé une grande impression ; ce qu'on a raconté de sa naissance est dû en général à des souvenirs recueillis, après longtemps, par la piété de ses admirateurs (4) et déjà historiés de légendes. Si les chroniqueurs et les notaires officiels s'inquiètent rarement de faits de cette sorte, ils ont plus rarement encore le souci de consigner en quels lieux ils se produisent ; ces renseignements, ils ne les donnent qu'incidemment, et on les trouve là où on ne penserait guère tout d'abord à les aller chercher. Ce n'est que beaucoup plus tard qu'ils y songent et à cette époque où précisément les curés commencent à mieux tenir les registres de catholicité qui constatent, non pas la naissance même, remarquons-le, mais l'administration du baptême. Les plus anciens de ces registres qui soient connus, sont ceux de Montarcher (Loire) qui

(1) Natalis de Wailly : *Mémoire sur la date et le lieu de naissance de S. Louis* (Bibl. de l'École des Chartes, 6ᵉ série, t. II, p. 103).

(2) *Recherches hist. et crit. sur l'ancien Comté et les comtes de Clermont-en-Beauvoisis*, p. 407.

(3) *Étude sur la naissance de saint Louis à la Neuville-en-Hez.* Clermont, A. Daix, 1879.

(4) É. Berger : *Hist. de Blanche de Castille*, p. 20.

commencent à 1469 et celui de Saint-Maximin (Var), par M. F. Cortez et qui remonte à 1473 ; ils sont à peine postérieurs à la première des chartes sur lesquelles s'appuient les partisans de la Neuville, la seule qui mérite attention.

Elles sont trois, parfaitement authentiques. La plus récente, donnée à Paris au mois d'août de l'année 1601, est une confirmation par Henri IV aux habitants de la Neuville de leurs droits d'usage dans la forêt de Hez, et de la franchise de la taille, exemption qui leur avait été concédée, y est-il dit, par « le roy saint Louis de bonne mémoire, en considération de ce qu'il estoit né et avoit prins sa naissance au chasteau » de ce lieu, qui venait d'être incendié en 1591 par les troupes du Béarnais. Mais l'affirmation d'Henri IV, relative à la taille, est singulière et nous semble assez inexacte.

Lorsque vers 1186 ou 1187 (1), le comte Raoul voulut, tout en accroissant les produits du domaine seigneurial, couvrir par un ouvrage avancé les approches de Clermont du côté de Beauvais, il *fit crier*, nous apprend Beaumanoir, *el liu de le Vile Noeve en Hes frances masures et a petites rentes*. C'était le procédé habituel. Les hôtes accoururent en foule, *sans fere envers lor segneurs de lor mazures ce qu'ils devoient,ançois les laiesoient gastes*. Tout homme qui venait fixer sa demeure au pied du manoir, n'avait-il pas droit au bois dans la forêt pour son usage et pour son chauffage et, moyennant un cens annuel de deux muids d'avoine, de deux chapons et de six deniers de monnaie beauvoisine par masure, n'était-il pas à toujours exempt de la taille si dure au pauvre peuple ? Après que l'arrêt du Parlement de 1258 eût jugé que le comté de Clermont devait faire retour immédiat à la couronne, saint Louis n'eut donc pas à concéder aux habitants de la Neuville des franchises dont ils jouissaient déjà. Tout au plus les confirma-t-il dans leur jouissance, et encore faut-il s'étonner que ses lettres ne se retrouvent pas. Pourquoi n'ont-elles jamais été vidimées ? Pourquoi ne figurent-elles pas au cartulaire de la Neuville, rédigé au XIVe siècle, alors que d'autres pièces, moins importantes pour la communauté, y furent transcrites ? Ces remarques de Natalis de Wailly ont conservé toute leur force.

On reste donc en face de la seule affirmation contenue dans la charte donnée à Compiègne le 12 août 1468, par Louis XI. En vertu de cette charte, les habitants de la Neuville étaient exemptés, pour une période de sept années, « de toutes les tailles qui seroient dores en avant mises sus et imposées » au royaume, « soit pour le fait et entretenement des gens de guerre, ou autrement pour quelque cause que ce soit ». Le roi accordait cette franchise momentanée, parce qu'il avait, disait-il, « consideracion à la grant povreté en laquelle les habitans de la paroisse de la Neufville en Hez » étaient alors « constitués à l'occasion des guerres qui avaient par long temps eu cours au royaume et pour plusieurs autres tribulacions, fortunes et nécessités qui leur étaient survenues le temps passé en diverses manières, tellement que la dite paroisse » était « très grandement apovrie et dimi-

_____

(1) Comte DE LUÇAY : *Le dénombrement de 1373*, p. 25.

nuée de habitans et de chevance », et « aussi que au dit lieu de
Neufville qui est situé en forest et pays fort infertile et ou il ne
croit que très peu de biens, Monseigneur saint Loys..... fut né
et y print sa naissance, ainsi qu'il avait esté affermé » à Louis XI.

Que signifient dès lors les preuves traditionnelles ou monu-
mentales invoquées par M. l'abbé Boufflet ? « La tradition, écrit-
il en transportant dans le domaine de l'histoire des procédés
théologiques, la tradition qui fait naître saint Louis à la Neuville s'est transmise, depuis 1215, des pères aux enfants et de
ceux-ci à leurs descendants. Cette tradition est et a toujours
été non-seulement celle du pays, mais celle de toute la contrée.
On ne voit vraiment pas pourquoi elle aurait été inventée. Si
saint Louis n'est pas né à la Neuville, pourquoi les anciens titres
y relatent-ils sa naissance ? Pourquoi la verrière représentant
saint Louis dans l'église du pays ? Pourquoi la fontaine Saint-
Louis, tout près du manoir (1) ? »

Toutes ces preuves auraient une signification réelle, si elles
étaient antérieures à la charte de Louis XI et si elles témoi-
gnaient ainsi d'une tradition qui commencerait à 1215. En fait,
elles n'en ont aucune. La verrière, signalée jadis par M. Ledicte-
Duflos, est contemporaine des meneaux qui divisent la baie, de
style flamboyant, et peut-être est-elle encore plus récente ; or les
peintures de l'église, disait l'abbé Lebeuf, ne sont d'un certain
poids que lorsqu'elles approchent du temps dont elles représen-
tent l'histoire (2).

N'était-elle point d'une époque aussi récente, cette croix de
pierre qui se dressait dans la forêt de Hez, au bord du chemin de
Clermont, sur le socle de laquelle un bas-relief en marbre figurait
saint Louis reçu par sa mère et les dames de sa suite, au retour
de la croisade ? On ne saurait dire, car le bas-relief mutilé a disparu lors de la fin tragique de son possesseur, à Hondainville (3).

Les meilleurs arguments de M. Boufflet n'établissent qu'une
chose : la croyance répandue, dès le XVIe siècle, à la Neuville
et aux environs, que saint Louis était venu au monde dans cette
localité.

La charte de 1468 nous en apprend-elle davantage ? L'exemption d'un impôt général, rendu permanent depuis 30 ans à peine et destiné à l'entretien des gens de guerre dont Louis XI
avait un grand besoin à cette date, devait s'obtenir avec difficul-
té et ce roi, on l'a remarqué avec raison, se souciait peu de di-
minuer, n'aurait-ce été que d'une façon transitoire, les sources
d'un revenu qui lui rapporta jusqu'à plus de quatre millions, alors
que son père avait pu lever seulement dix-huit cent mille livres ;
mais les circonstances sont souveraines maîtresses, et il lui fal-
lut quelquefois écouter une politique avisée qui lui conseillait
de ménager certains taillables.

(1) Abbé BOUFFLET, *ibid.*, p. 11.

(2) *Mercure de France* (mars 1737, p. 431).

(3) SAUCEY : *Première promenade aux environs de Clermont* (Journal de
Clermont, 1840, n° 52). — Je n'ai pas besoin de noter l'anachronisme du bas-
relief : Blanche de Castille était morte depuis un an et demi, quand saint
Louis rentra en France. Mais la description est-elle bien exacte et les personnages représentés étaient-ils ceux que dit l'auteur ?

Celui qui se qualifiait alors comte de Clermont, Jean II, duc de Bourbon, avait épousé en 1447 Mme Jeanne, fille de Charles VII ; c'était donc le beau-frère de Louis XI ; ses possessions territoriales en Auvergne et dans le Beauvaisis, ses charges et ses pensions en faisaient le premier seigneur de la cour, et il n'était pas sans intérêt pour le roi qui se rappelait la Ligue du Bien Public et les traités de Montereau et de Conflans, de l'attacher étroitement à son parti, alors qu'il s'apprêtait à combattre le duc de Bourgogne. D'ailleurs, la cession à ce dernier des villes de la Somme découvrait l'Ile-de-France et si le comte de Clermont n'avait qu'un désir : rendre aux bourgs de ses domaines la prospérité qu'ils avaient au commencement du XIVe siècle, Louis XI n'avait qu'un but : élever entre soi et le turbulent et redoutable Bourguignon une solide ceinture de défenses. Or l'importance de la Neuville avait été plus d'une fois prouvée durant les guerres anglaises et le village et le manoir féodal en avaient souffert. La ruine était générale d'ailleurs. Quantité de paroisses dans les environs de Senlis et dans la Beauvaisis étaient restées désertes et des masures en grand nombre se trouvaient sans culture. La Neuville spécialement qui, vers 1300, comptait 300 feux ou 1500 personnes environ, était considérablement appauvrie ; ne pas lui accorder quelque franchise, c'était la vouer à l'irrémédiable déchéance et perdre à coup sûr une forteresse naturellement protégée par la forêt de Hez. Louis XI ne pouvait pas ne pas écouter une « humble supplication », appuyée par le duc de Bourbon. Pour qu'il fût loisible à cette population de « mieulx se ressoudre et remectre sus », il l'exempta de la taille pour une période de sept années. C'était un avantage très appréciable qui devait, dans la pensée du roi, repeupler les masures abandonnées. Mais afin de n'être pas obligé à la même faveur envers les communautés voisines tout aussi dévastées, il eut soin de mettre en avant, comme motif déterminant de sa libéralité, la naissance de saint Louis dont les députés de la Neuville s'étaient enorgueillis en présentant leur requête. Leur affirmation l'avait certainement intéressé et le notaire la recueillit dans la charte qu'il expédia sur le commandement du duc de Bourbon ; mais le fait même de son insertion dans cette charte prouve que la tradition, qui apparaît ici pour la première fois, n'était pas d'aussi grande notoriété qu'on le veut bien dire. Toute locale, elle était circonscrite, enfermée dans le cercle étroit de quelques villages. Ceux-ci avaient-ils à protester contre les prétentions de la Neuville ? Le pouvaient-ils, alors que tout le monde, même la cour avec les chroniques quasi-officielles de Saint-Denis, même Poissy avec ses titres, ignorait probablement en quel endroit s'était passé un événement d'une importance en soi minime ? C'est par des titres du XIIIe siècle et du XIVe que cette tradition devrait s'établir. Est-on autorisé à la faire remonter jusqu'en 1215 ou 1214, sous prétexte qu'on ne voit pas vraiment pourquoi on l'aurait inventée ? Mais qu'on demande à la psychologie des foules comment naissent les légendes, comment grandissent les croyances populaires ! Creil a-t-il gardé vivant le souvenir d'une naissance royale, postérieure de quatre-vingts ans à celle de saint Louis et Clermont ne se vante-t-il pas à tort d'avoir donné le jour à Charles IV le Bel ?

C'est qu'en effet aux prétentions de la Neuville, Poissy peut opposer des textes d'une grande valeur. C'est d'abord la constitution, en 1299, par Robert, comte de Clermont et fils de Louis IX, en faveur de sa fille Marie, religieuse à Poissy, d'une rente annuelle de 200 livres parisis pour lui servir de dot. C'est ensuite une dotation faite par Philippe le Bel au monastère de Poissy, en juillet 1304. C'est enfin une confirmation par le même Philippe le Bel, au même couvent, en 1305. La première charte fut mise en lumière par M. Huillard-Bréholles ; elle nous apprend que Philippe le Bel, « très dévot envers son aïeul », avait fondé un monastère de religieuses cloîtrées, sous le vocable du « glorieux saint Louis, » à Poissy, où ce confesseur du Christ était né : *apud Poissiacum, ubi Christi confessor extitit oriundus*. Dans la seconde, Philippe IV rappelle l'affection singulière de saint Louis pour l'église de Poissy où il avait été baptisé et pour la ville même où il était venu au monde : *intime affectionis ɀelum quem egregius confessor beatus Ludovicus, olim rex Francorum, avus noster, ad ecclesiam beate Marie ville Pissiaci in qua renatus fonte baptismatis, christiane fidei et salutis nostre primordia suscepisse dignoscitur, et villam ipsam originis sue solum, dum presentis vite commodis frueretur, habebat*. Les mêmes termes à peu près se lisent dans la troisième charte : *In honorem Dei, Beate virginis Marie nec non ad celebrem et specialem egregii confessoris Beati Ludovici, avi nostri, monasterium preteritis diebus fundare decrevimus in villa Pissiaci, originis locum prefati confessoris*. « Il est impossible de croire, dit M. Huillard-Bréholles, que Robert de Clermont n'ait pas connu parfaitement le lieu où son père était né. D'ailleurs, les enquêtes récentes auxquelles avait donné lieu la canonisation de Louis IX, avaient dû fixer, surtout pour les membres de la famille royale, toute incertitude à cet égard, en supposant que quelque incertitude eût réellement existé. »

Mais les partisans de la Neuville n'admettent pas les conclusions de cet érudit. « L'argument de M. Huillard-Bréholles serait sans réplique, répond M. l'abbé Morel, si la charte portait *ubi christi confessor natus est*, ou même *ortus est*. Mais Robert de Clermont a évité l'emploi de ces termes. N'est-ce pas avec intention qu'il a fait mettre dans l'acte *extitit oriundus*, immédiatement après l'expression *christi confessor* ? Le sens naturel ne serait-il donc pas que le confesseur du Christ, saint Louis, a tiré de Poissy son origine de chrétien, voire même son origine d'enfant de France ? »

Pour nous, malgré la distinction ingénieuse de M. l'abbé Morel, l'argument de M. Huillard-Bréholles a gardé toute sa valeur. Mais il ne faut pas craindre, pour le mettre en la pleine lumière, de recourir aux « subtilités philologiques », semble-t-il, un peu trop dédaignées.

Au Moyen-Age, et pendant une période très longue du Moyen-Age, les deux substantifs *ortus* et *nativitas* s'employèrent l'un pour l'autre ; les formes verbales *natus* et *oriundus* firent de même : le P. Texte et Natalis de Wailly l'ont surabondamment démontré. Nous ne voulons en rappeler qu'une preuve, mais décisive, empruntée à des chroniqueurs du même temps. Le continuateur de Guillaume de Nangis raconte que Philippe le Bel, atteint de sa dernière maladie pendant une partie de chasse, se fit transporter à Fontainebleau où il était né. Comment s'exprime-t-il ? « Tandem a suis apud Fontem Bliaudi, unde et *oriundus*, se deferri precepit. » Or, Jean de Saint-Victor, racontant le même fait, dit précisément *ubi natus fuerat*. Il n'y a donc pas de doute possible ; les deux termes avaient bien le même sens et l'un remplaçait l'autre exactement.

Si dans les trois chartes qui nous révèlent Poissy comme la patrie de saint Louis, les notaires qui les rédigèrent ont préféré à *nativitas* et à *natus* les formes *origo* et *oriundus*, cela est dû simplement aux règles en usage dans la chancellerie royale.

Le latin était encore une langue vivante, bien qu'il vécût d'une façon incomplète ; la renaissance de l'enseignement grammatical et le développement des études juridiques au XIIe siècle lui avaient fait retrouver une correction qu'il ne connaissait plus depuis longtemps. Sous l'influence de la langue vulgaire, l'arrangement des mots dans la phrase se rapprocha sans cesse de l'ordre analytique (1). La transformation était faite au début du XIIIe siècle et le latin dans les chartes était parvenu à cette époque à une rigoureuse précision ; les actes de la chancellerie de Louis IX sont remarquables à cet égard par leur clarté parfaite. Mais une de leurs particularités qu'on n'a pas assez observée peut-être, c'est, avec l'élégance abondante et volontiers solennelle de la langue, le rythme qu'on y rencontre.

Ce rythme prosaïque ou *cursus* consiste surtout en cadences régulières marquant la fin des phrases et même la fin des périodes. Des trois combinaisons qui furent en faveur, la première terminait la phrase par un mot de quatre syllabes accentué sur l'avant-dernière, précédé d'un mot de trois syllabes ou davantage accentué sur l'antépénultième : c'était le cursus *velox*.

Le cursus *planus* consistait à placer le repos après un mot de trois syllabes, accentué sur la pénultième, en ayant soin que le mot précédent eût aussi l'accent sur l'avant-dernière.

Dans le cursus *tardus* ou *durus*, il fallait finir par un paroxyton, suivi d'un proparoxyton tétrasyllabe. Il est facile à comprendre que dans chacune de ces combinaisons les trisyllabes et les tétrasyllabes des finales pouvaient être remplacées par des équivalents ; il suffisait que les accents toniques se trouvassent à la même place dans la série.

Or ces règles absolues ont été observées avec soin dans les chartes de Robert de Bourbon et de Philippe le Bel. Un rapide examen des fins de phrases que nous y avons relevées suffira pour en convaincre. Voici la charte portant constitution d'une dot de 200 livres par Robert de Bourbon à sa fille Marie : les syllabes accentuées dans le *cursus* sont imprimées en italiques ; les lettres entre parenthèses indiquent le *cursus* employé.

Robertus, filius sancti Ludovici regis Francorum, comes Clarimontis et dominus Borbonesii, et Beatrix ejus uxor, predicto-

(1) A. GIRY : *Manuel de diplomatique*, p. 463.

rum locorum comitissa et domina (t), hec visuris salutem in *Domino* sempiternam (v). Quia serenissimus princeps Philippus, Dei gratia rex Francorum illustris, devotissimus avo suo beato videlicet Ludovico (v), quoddam nobile monasterium sororum inclusarum ordinis fratrum predicatorum, ad ipsius gloriosi sancti predicti *gloriam* et honorem (v), apud Poissiacum ubi Christi confessor *extitit* oriundus (v), fundaverit secundum regiam magnificentiam bonis spiritualibus et temporalibus accolendum (v), ad quod plures nobiles mulieres, suorum parentum ac sua precipua devotione Regi regum Jesu Christo se dedicarunt et imposterum dedicabunt (v)....

On le voit, toutes ces terminaisons, sauf une, sont empruntées au *cursus velox*, la plus solennelle des trois cadences usitées dans les chancelleries. La charte de 1304, au contraire, découvre un égal mélange des deux premières combinaisons, le *cursus velox* et le *cursus tardus*. C'est évidemment la préoccupation qu'avaient les notaires d'obéir aux règles du rythme prosaïque, qui, entre des mots ayant le même sens, leur fit choisir ceux dont l'emploi était le plus facile et répondait le mieux aux exigences d'alors : *oriundus, origo*. Sans doute ils auraient pu adopter d'autres termes, ceux que réclament les partisans de la Neuville ; mais il leur eût fallu pour cela changer complètement la structure de la phrase et peut-être se livrer à un travail d'agencement plus contourné et moins clair, inadmissible alors que les mots usuels venaient naturellement sous leur plume élégante.

A la même préoccupation se doit la phrase qu'on lit dans la charte de 1304 : *salutis nostre primordia suscepisse dignoscitur*, et que M. l'abbé Morel rapproche de l'incidente qui figure dans la charte de 1468 : *il nous a esté affermé*. C'est tout un, dit-il. Pour nous, ce sont là deux expressions tout à fait différentes. Louis XI recueille une affirmation donnée vaille que vaille, qu'il n'approuve ni ne dément. Philippe le Bel, au contraire, témoigne de la réalité d'un fait qu'il connaît pertinemment ; il ne faut voir dans le *dignoscitur* qu'une sorte d'explétif analogue à la célèbre formule *esse videatur* sur laquelle Cicéron aimait à laisser tomber harmonieusement une période oratoire : *suscepisse dignoscitur* doit se remplacer rigoureusement par *suscepit*. Ce n'est plus là l'écho d'une tradition, c'est la connaissance personnelle qui s'affirme et qui affirme que saint Louis a été non pas seulement baptisé à Poissy, mais qu'il y est venu au monde. Admettre que Robert de Bourbon et Philippe le Bel ont voulu parler uniquement du baptême, c'est méconnaître, croyons-nous, les idées du Moyen-Age et en particulier le rationnalisme du XIV⁰ siècle naissant. La charte de 1304 n'a-t-elle pas soin d'ailleurs de distinguer l'église où l'enfant entra dans la vie chrétienne, et la ville où ses yeux s'ouvrirent à la lumière ?

Né à la Neuville, dans un château que la guerre avait ruiné en 1212 et qui n'était peut-être pas encore reconstruit, saint Louis aurait été transporté à Poissy pour être baptisé en une terre royale. « Philippe-Auguste, alors régnant, écrit M. l'abbé Boufflet, avait le droit d'attendre que son petit-fils ne reçût pas le baptême au loin, sans l'éclat et la pompe dus au rejeton de la race royale et qu'il fût reconnu publiquement comme tel par les seigneurs. N'est-ce pas encore ainsi que les choses se passent pour constater la naissance d'un héritier de la couronne ?

« La loi féodale avait ses prescriptions qui pouvaient être gênantes. Il ne fallait pas que l'enfant qui devait un jour porter la couronne de France parût, même pendant quelques jours, être le vassal du comte de Clermont...... Le lieu d'origine de l'enfant n'est pas celui où il prend naissance, mais celui où son père avait son domicile principal au jour de la naissance de l'enfant (1). »

C'est évidemment chercher bien loin une explication impossible. La féodalité était surtout un lien territorial. La naissance accidentelle de saint Louis à la Neuville eût-elle été une circonstance assez forte pour l'établir entre lui et le comte de Clermont, au profit de ce dernier ? C'est là une supposition contredite par le droit féodal et par les faits eux-mêmes. Quand en 1294 la reine Jeanne accoucha à Creil de son troisième fils Charles le Bel, celui-ci fut-il considéré comme le vassal de Robert de Clermont ? Ici le lien féodal eût été doublé d'un lien de famille, sans doute, mais Philippe le Bel n'était pas moins que Philippe-Auguste jaloux des droits de la couronne et il n'eût pas, s'ils en avaient dû être diminués par quelque endroit, autorisé la longue villégiature de sa femme dans le domaine de son oncle Robert. Domicile et vassalité sont une chimère.

Le dernier argument de M. l'abbé Boufflet, tiré de la canonisation du saint roi, ne repose pas sur un fondement plus réel. « C'est ordinairement, écrit-il, à l'évêque du lieu de la naissance, ou du lieu de la mort, que l'initiative pour le procès de canonisation revient de droit. »

Or, suivant l'abbé Delettre, les évêques de la province de Reims demandèrent les premiers que Louis IX fût inscrit au catalogue des saints et honoré d'un culte public. « Le métropolitain et ses suffragants rédigèrent à cette fin une lettre où sont détaillées toutes les considérations qui établissent la sainteté de l'illustre serviteur de Dieu et l'adressèrent au pape Grégoire X, en la date du mois de juin 1275... De quel droit ces évêques, et en particulier l'évêque de Beauvais, prenaient-ils cette initiative, si ce n'est parce qu'elle appartenait à l'ordinaire du lieu, à raison de la naissance de saint Louis dans le Beauvaisis (2) ? »

J'ignore la valeur d'une règle canonique ainsi formulée, mais elle me paraît ici bien hyphothétique. Ce fut en effet vers 1273 que Grégoire X chargea le légat en France, Simon de Brie, cardinal de Sainte-Cécile, de faire secrètement une enquête sur les miracles qui s'opéraient au tombeau du saint roi. A sa prière, Geoffroy de Beaulieu rédigea un abrégé des vertus du monarque dans l'intimité duquel il avait si longtemps vécu ; moins de trois ans après, l'ouvrage était envoyé à la cour pontificale (3).

(1) Abbé BOUFFLET, *op. cit.*, p. 26.
(2) Abbé BOUFFLET, *op. cit.*, p. 26 et 27.
(3) H.-François DELABORDE : *Enquête faite à Saint-Denis en vue de la canonisation de saint Louis* (Mém. de la soc. de l'hist. de Paris et de l'Ile-de-France, t. XXIII, p. 3 et 99).

C'est dans l'intervalle seulement que les évêques de la province de Reims écrivirent à Grégoire X, et Marlot nous dit leur motif. L'archevêque de Reims, Pierre Barbet, qui avait une bonne part aux faveurs de Philippe III et sachant l'affection dévouée que celui-ci portait à la mémoire de son père, prit les avis de ses suffragants sur le dessein qu'il avait de demander à Rome la canonisation de celui que le ciel manifestait au monde par de nombreux miracles (1). C'était un moyen de reconnaître des bienfaits que de s'occuper officiellement d'une cause déjà pendante en cour Romaine.

Pour nous, notre conviction est entière; il faut laisser à Poissy un honneur dont la Neuville a tenté témérairement de le dépouiller. La charte de Louis XI, si authentique qu'elle soit, n'a pas la valeur historique des chartes de Robert de Clermont et de Philippe le Bel. « Si l'on veut qu'elle prouve quelque chose, disait le P. Texte, ce sera uniquement que plus de 250 ans après la naissance de S. Louis, les habitants de la Neuville, ayant trouvé une protection auprès de Louis XI, lui demandèrent une exemption pour un temps, que leur pauvreté seule rendoit nécessaire ; que pour être écoutés favorablement, ils exposèrent que S. Louis était né chez eux et que Louis XI leur accorda ce qu'ils demandoient sur un oui-dire (2). » Elle est trop récente pour détruire l'affirmation antérieure plusieurs fois répétée qui fait de Poissy le berceau du saint roi ; la Neuville s'en prévaut inutilement.

(1) Guillaume MARLOT : *Hist. de l'église de Reims*, t. III, p. 815.
(2) *Mercure* de juin 1737, p. 1349.

II

CHARLES IV LE BEL

Le voyageur qui contourne l'hôtel-de-ville de Clermont, après en avoir admiré comme il convient la façade sévère, est frappé par l'agréable paysage qui s'offre à lui du square Féret. Devant lui, la coulée de plaine qui s'allonge au-delà d'Étouy ; les lignes du chemin de fer qui s'enfuient à travers les prairies, derrière un rideau de peupliers ; à gauche, au premier plan, le hameau de Fay, pittoresquement posé, que dominent les hauteurs boisées d'Agnetz d'où émerge ce bijou gothique du XIIIe siècle qu'est l'église, tandis que les belles futaies de Hez font à l'horizon une longue ceinture trempée dans la brume ; à droite, tout au loin, la route nationale de Paris à Dunkerque se hâte et, côtoyant les dernières ramifications de la Vallée Dorée, glisse son blanc ruban dans la verdure ; plus proche, s'entrevoit à peine, dans la masse touffue du parc, le château de Fitz-James, envahi par le lierre. Mais un mur de jardin coupe comme un écran ce gracieux paysage et ramène la vue sur le square. C'est dommage. La pelouse pelée, plus mal protégée par des épines de fer et des piquets rustiques que par une rigoureuse amende, ses arbustes chétifs et mal venants, disent l'abandon. Les piliers romans qu'on y a relégués ne suffisent pas à chasser l'impression ressentie.

L'obélisque élevé au centre du jardinet retient alors les regards et le touriste lit les inscriptions des quatre médaillons qui s'y accrochent. Au médaillon oriental, la gravure de certaines lettres lui paraît bien un peu défectueuse et la pierre ne lui semble pas avoir partout la même teinte. Il ignore évidemment qu'une coterie a marqué là son dépit et que dans la soirée du 9 août 1887 une bouteille d'encre, lancée avec violence par une main inconnue, a sali d'inepte façon cette partie de la colonne. Depuis on a réparé le mal comme on a pu, en creusant les lettres plus profondément, et le voyageur satisfait apprend que

L'Hôtel de Ville
de Clermont
fut construit par
Charles IV, dit le Bel,
Roi de France,
Né au château de
Clermont
en 1296

Il redescend alors vers la gare, emportant allègrement deux ou peut-être trois erreurs dans ses notes de voyage.

Car, si la chose est possible, il n'est pas assuré du tout que Clermont doive son hôtel-de-ville à Charles IV. Ce prince n'entra en possession du comté de Clermont que par la cession que lui en fit Louis 1er de Bourbon, en échange du comté de la Marche. Or les lettres qui rendirent le contrat définitif sont du mois de décembre 1327 et Charles IV mourait le 31 janvier 1328. Peut-être n'eut-il pas le temps, et cela est fort probable, de donner les ordres nécessaires à la construction d'un monument de cette importance ; les affaires générales, la maladie et les préoccupations d'une succession incertaine durent détourner son attention de pareils travaux : le rapprochement des deux dates suffit pour en convaincre.

Comme il suffisait également d'ouvrir un dictionnaire quelconque, pour savoir que ce roi naquit en 1294, deux ans plus tôt que ne l'apprend notre inscription.

Quelques érudits, je le sais, ont hésité et dernièrement encore M. de Mély, en s'appuyant sur la pancarte du cierge pascal de la Sainte-Chapelle, plaçait ce fait intéressant en janvier 1295. Par malheur son calcul, que j'avoue n'avoir pas compris, est infirmé par un ensemble de documents absolument certains qui ramène cette naissance vers le milieu de l'année 1294 (1).

Là où l'erreur était plus excusable, c'était lorsqu'on affirmait que cette naissance avait eu lieu au château de Clermont. Tant d'écrivains l'ont dit ! Tant d'érudits l'ont répété que cette affirmation est aujourd'hui du domaine de l'histoire. Hélas ! Clermont ne peut plus prétendre à cette gloire ! C'est Creil, une voisine décidément bien encombrante, qui la revendique à bon droit.

La preuve s'en trouve dans l'enquête faite en 1322, lorsque Charles le Bel demanda au pape de dissoudre son mariage avec Blanche de Bourgogne. Elle était fille d'Othon IV, comte palatin de Bourgogne, et de Mahaut, petite-nièce de saint Louis. Elle n'était pas âgée de 12 ans, car elle était née un peu après 1295, que, déjà d'une beauté ravissante, on l'avait mariée en 1308,

(1) Académie des Inscriptions et Belles-lettres : *Compte-rendus*, 4e série, t. XXVII, p. 9. — « Le roi meurt en 1328, le 1er février, âgé de 33 ans, écrit M. de Mély, ce qui nous donne 1295. La pancarte nous apprend qu'à Pâques 1327 il a 32 ans, ce qui nous donne encore 1295, et en plus nous déduisons naturellement qu'il prend ses années de janvier à Pâques. La date de sa mort, 1er février, resserre alors les limites ; il naît donc en janvier 1295. » Ce calcul aurait quelque valeur, si la pancarte donnait l'âge d'une façon précise en tenant compte des fractions d'année ; mais elle ne le fait pas et se contente de marquer les années accomplies à Pâques. Des deux synchronismes cités par M. de Mély, on doit seulement conclure que Charles le Bel prenait son âge de mars à janvier. Or, cela nous est confirmé par la déposition de Charles de Valois, en 1322. Interrogé sur l'âge que pouvait avoir son neveu, qui était son filleul, à l'époque de son mariage avec Blanche de Bourgogne, il répondit que Charles le Bel avait alors 14 ans moins 5 mois ou environ : « Super etate in qua erant predicti dominus Karolus et Blancha tempore matrimonii inter eos contracti, dixit quod dictus dominus Karolus rex non habebat XIIII annos, immo deficiebant sibi V menses vel circa ; item quod dicta domina Blancha non habebat XII annos completos, et hoc scit quia utrumque tenuit supra fontes, ut prædixit, et recordatur etiam de tempore matrimonii quia fuerunt elapsi XIIII anni circa festum Purificationis Beate Marie præteritum... » (Arch. nat., J 682, n° 2). Or, cette déposition de Charles de Valois, en précisant l'époque du mariage de Charles le Bel, février 1308 (n. st.), que les chroniqueurs, comme Girard de Frachet, Jean de Saint-Victor et Landulphus de Columnia, plaçaient peu de temps après le mariage d'Isabelle avec le roi d'Angleterre (25 janvier 1308), nous oblige à reporter en 1294 la naissance de Charles le Bel.

au troisième fils de Philippe le Bel, « lui aussi renommé par ses avantages physiques ». Blanche était, au dire de Froissart, l'une des plus belles femmes du monde, mais « elle garda mal son mariage et se foursist ». Ils étaient deux enfants quand on les avait unis, incapables de comprendre leurs engagements. Faut-il beaucoup s'étonner que la jeune princesse les ait vite oubliés ? « C'est un des plus navrants épisodes de la fin du règne de Philippe le Bel, écrit M. Jules-Marie Richard, que ces scandales éclatants au sein de la famille royale : de Maubuisson, où il se trouvait alors, le vieux roi donne l'ordre d'arrêter ses trois brus ; Marguerite et Blanche sont conduites au Château-Gaillard ; Jeanne est internée à Dourdan.

« Si la prison de Blanche, à qui l'on avait rasé la tête, était moins dure que celle de sa belle-sœur Marguerite, détenue à un étage supérieur, où le froid était atroce et d'où elle ne devait plus sortir vivante, elle n'en souffrait pas moins cruellement. Entraînée au mal par Marguerite, cette infortunée jeune femme de dix-huit ans, avouait sa faute et la pleurait avec les accents du plus sincère repentir : tous ceux qui la voyaient en étaient profondément émus. Le comte de la Marche, son mari, fut inflexible, et sa prison ne s'ouvrit que lorsque, devenu roi, il eut fait décider par le pape, le 19 mai 1322, la nullité de son mariage. » La raison invoquée fut que, Mahaut ayant été sa marraine, il existait ainsi entre la comtesse d'Artois et son gendre une parenté spirituelle (1), empêchement dont il n'avait pas été demandé de dispense. Cela était vrai. Les dispenses de mariage accordées par Clément V, le 24 mai 1307, ne contiennent aucune allusion à ce fait.

L'enquête qui établit la réalité du lien spirituel entre Charles IV et la comtesse Mahaut et qui servit de base au jugement, fut menée par Étienne de Bourret, évêque de Paris, Jean de Marigny, évêque de Beauvais, et maître Geoffroi du Plessis, notaire du pape. Devant eux comparurent plusieurs des personnages qui avaient assisté au baptême. Leurs dépositions, consignées en un rouleau de parchemin du Trésor des Chartes, nous apprennent que Jeanne de Navarre, au terme de sa grossesse, s'était rendue à Creil pour y faire ses couches, laissant ses enfants à Saint-Germain (2).

Elle y attendit plus d'un mois sa délivrance. Elle eut tout le temps ainsi de songer au baptême. Les parrains et les marraines furent choisis, nombreux suivant l'usage ; parmi eux se trouvaient Charles de Valois, frère du roi, Gaucher de Châtillon, connétable de France, et Mahaut, alors comtesse de Bourgogne.

Un messager de Jeanne de Navarre, Michel le Flament, était allé trouver la cousine de Philippe le Bel en Bourgogne et lui annoncer le choix qu'on avait fait d'elle pour servir de marraine à l'enfant. Sa mission remplie, il s'en revenait à Creil quand on le renvoya prier Mahaut d'accélérer sa marche. Il la rencontra vers Saint-Fiacre, près de Meaux, et l'accompagna

(1) J.-M. Richard : *Mahaut, comtesse d'Artois et de Bourgogne*, p. 7 et 8.
(2) Arch. nat., J 682, n° 2.

jusqu'à Châlis (1). Là, pour aller plus vite, la comtesse de Bourgogne quitta son char et, montant un palefroi, prit la route de Senlis où était le roi, s'entretint avec ce dernier et se rendit aussitôt à Creil où elle resta jusqu'à la naissance de son filleul. Cela se passait vers la Saint-Jean.

Chose étrange ! Le roi qui se dirigeait vers Creil avec une suite nombreuse, changeait brusquement son itinéraire lorsqu'un valet de la chambre de la reine l'avait averti de la venue au monde de l'enfant, et retournait à Senlis ou à Saint-Christophe-en-Halatte, pendant qu'il ordonnait à Gaucher de Châtillon de se rendre au baptême (2).

Jamais peut-être Creil n'avait vu dans ses murs une telle affluence de grands seigneurs et d'illustres personnages : l'archevêque de Reims ou celui de Rouen, qui officiait, les parrains et les marraines, Othon IV, comte de Bourgogne, Gui de Dampierre, comte de Flandre, la comtesse de Joigny, Blanche de Bretagne, Marguerite de Montataire, la comtesse de Dammartin, des chevaliers, des moines. Parmi ces derniers, Guichard, abbé de la Celle, près Troyes, un ami particulier de Jeanne de Navarre, était venu accompagné de Robert de Brisoles, chevalier, et de Guillaume de Saint-Marcel, bourgeois de Provins, et s'était logé avec eux à Montataire, attendant plusieurs semaines l'heureuse délivrance. La foule était si grande qu'ils avaient dû aller jusqu'à Clermont chercher du poisson introuvable à Creil et aux environs. Un tailleur de la reine, nommé Lambert, leur avait fait connaître la naissance de l'enfant et ils s'étaient, comme frère Jean Sachin, prieur de Nogent-les-Vierges, comme tous les bourgeois de Creil et les paysans d'alentour, rendus à la cérémonie.

Elle eut lieu dans la collégiale de Saint-Evremond, aux portes mêmes du château. Un aumônier de la reine, Jean de la Grange, après la catéchisation, proclama à haute voix, en présence de tous, les noms des parrains et des marraines écrits sur une cédule. Puis, la comtesse Mahaut s'avança. Mais elle ne put approcher, tant la presse des curieux, nullement tenus à distance comme dans les cérémonies officielles de nos jours, était forte. Elle traita assez rudement un médecin de la comtesse de Dammartin, nommé Jean Hellequin. « Sire prestre, lui dit-elle, que faites-vous icy ? Vous ne serez mie compère ! » Le bonhomme, confus, se retira. Mahaut reçut alors l'enfant de dame Jeanne, l'accoucheuse, le porta tout nu sur les fonts et, pendant qu'on le baptisait, le tint par un pied, tandis que Charles de Valois le tenait par l'autre pied et Gaucher de Châtillon par le milieu du corps.

---

(1) BONNASSIEUX : *Un baptême royal au Moyen-Age* (Cabinet historique, 1886, p. 185, note 1). L'auteur dit Charly (départ. de l'Aisne, arrond. de Château-Thierry). C'est une erreur. La vieille route de Meaux à Senlis passait par l'abbaye de Châlis, et c'est là (ad Karoli locum) que Mahaut prit un palefroi ; le chemin était direct.

(2) BONNASSIEUX date le baptême du 15 août et constate que Philippe le Bel se trouvait à Senlis le 3 août. Mais tous les témoins de l'enquête placent la naissance et le baptême de Charles IV entre la Trinité et la Saint-Jean, au moment de la foire du Lendit. L'itinéraire de Philippe le Bel nous apprend d'ailleurs (*Hist. de France*, t. XXI, p. 434) que ce roi était à Senlis le 13 et le 17 juin.

La cérémonie terminée, le cortège revint auprès de l'accouchée où l'enfant put attendre le supplément de langes qu'on avait envoyé chercher le jour même à Paris.

De la déposition aussi intéressante que longue à laquelle nous empruntons ces détails, il résulte sans aucun doute possible que Clermont doit renoncer à la gloire qu'il s'était attibuée jusqu'à présent. Charles IV est né à Creil, au mois de juin 1294 (1).

Creil était alors le chef-lieu d'une châtellenie dépendant du comté de Clermont et appartenant encore au fils de saint Louis, le comte Robert. Cette châtellenie, détachée du domaine du comté par le mariage de Béatrix de Bourbon avec Jean de Luxembourg, roi de Bohême et de Pologne, en décembre 1334, ne fut réunie à la couronne qu'en janvier 1375 (n. st.). Antérieurement, un essai de rattachement au domaine du roi, à peu près resté sans résultat, avait eu lieu. C'était en décembre 1327, quand Charles le Bel échangeait avec Louis 1er le comté de la Marche contre le comté de Clermont. Les lettres que le roi donna à cette occasion sont la cause de l'erreur où tombèrent tous les érudits qui regardèrent Clermont comme le pays natal de Charles IV. Ce monarque aimait particulièrement le comté où il était venu au monde, et c'est pour ce motif avoué qu'il désirait l'unir à la couronne. Mais on a appliqué à tort au chef-lieu ce qu'il disait du domaine seigneurial tout entier. Une simple lecture du texte suffit pour emporter la conviction que les lettres de 1327 ne contredisent pas l'enquête de 1322.

« Savoir faisons, y est-il dit, que comme, pour beaucoup de raisons, nous portions une affection singulière au comté de Clermont et que nous désirions vivement unir à notre patrimoine *le dit comté où pour nous a brillé le jour de la naissance,......* nous en avons entretenu avec sollicitude notre amé et féal cousin Louis » (2). Le fait est donc certain. Charles IV vit bien le jour dans le comté de Clermont; mais à Creil, et les Clermontois devront désormais renoncer à le considérer comme leur compatriote.

----

(1) Je ne veux citer qu'un passage de l'enquête, mais péremptoire, pris dans la déposition de Pernelle de Pontoise : « Quando dicta domina Johanna peperit dictum Karolum apud *Creeul*, ubi natus fuit, dictus dominus Philippus... transtulit se ad civitatem Silvanectensem que est prope dictum locum circa duas leucas, et ipsa testis recessit post dictum dominum Philippum, quare non fuit in baptismo dicti domini Karoli, sed bene recordatur quod dicta domina Mathildis, comitissa Attrebatensis, erat tunc et remansit in dicto loco de Creeul. »

(2) Notum facimus quod cum nos ad comitatum Claromontensem et ejus pertinentias multis de causis in nostro dudum animo preconceptis specialem gereremus affectum ipsumque *comitatum in quo nostri nobis dies ortus illuxit* uniri patrimonio nostro desideraremus intense, tandem carrissimum et fidelem consanguineum nostrum Ludovicum dicti comitatus comitem super translatione dicti comitatus facienda in nos successoresque nostros..... solicite fuimus allocuti...... (Arch. nat., JJ 61, f° 427 r°).

III

JEAN FERNEL

Monsieur le médecin, ferez-vous bien des enfants à ma femme ? — C'est à Dieu, sire, à vous les donner ; à vous à les faire, par qui Dieu agira pour accomplir ses desseins éternels sur la famille royale ; à moi d'y apporter les remèdes et les moyens pour y parvenir. »

Le médecin qui aurait, en présence de Catherine de Médicis, répondu de cette façon « aussi judicieuse que chrétienne », dit un chroniqueur, est Jean Fernel, celui que ses contemporains comparèrent à Gallien et qui laissa en mourant une réputation universelle. Cette conversation n'est pas bien sûre, mais la tradition qui la rapporte nous apprend de quel crédit jouissait à la cour celui à qui la naissance de chaque enfant royal aurait apporté une récompense de 1000 écus. C'était un homme de haute taille, d'une constitution robuste, au teint livide et plombé, au visage grave et sombre, encadré de barbe et de cheveux noirs et touffus. Souffrant du foie, il mourut d'une inflammation de cet organe et, suivant Moréri, du *déplaisir* d'avoir perdu sa femme Madeleine Tournebue, fille d'un conseiller au Parlement de Paris, qu'il avait épousée en 1531. Le 23 avril 1558, Noël Paillot (1), curé de Saint-Jacques-la-Boucherie, était mandé pour recevoir les dernières volontés de son paroissien ; il se rendit avec son vicaire dans une maison gothique de la rue des Lombards où le moribond, en présence de son gendre, de son beau-frère et d'un ami, Julien Paulmier, dicta son testament. Trois jours après, le 26 avril, cette belle intelligence s'éteignait (2).

L'époque du décès de Fernel, qui a pu être discutée, est aujourd'hui certaine ; il faut s'en rapporter sur ce point à l'épitaphe qui se lisait, dans l'église de Saint-Jacques-la-Boucherie, sur une plaque de cuivre (3). On ne connaît pas au contraire la date de sa naissance ; les uns disent qu'elle eut lieu en 1487, d'autres en 1497, d'autres enfin en 1506. L'opinion la mieux fondée adopte 1497 et admet que Fernel, quoi qu'en ait dit Guillaume Plancy, était entré dans la soixante-deuxième année de son âge quand il mourut. Les souvenirs du disciple et de l'ami ne sont d'ailleurs pas très précis et sur plus d'un point la critique doit écarter son témoignage erroné. A l'en croire, et beaucoup ont accepté son assertion sans contrôle, Fernel serait venu au monde à Clermont : Claromontio, oppidulo quod viginti duntaxat milliaribus a Lutetia distat, natus Fernelius atque ingenue educatus ; Ambianum in operibus idcirco se prædicat, quod pa-

---

(1) PAILLET, d'après Goulin (*Mém. littéraires et critiques*, p. 325).

(2) *Dict. encyclop. des sciences médicales*, 4ᵉ série, t. I, p. 680.

(3) **V. DE BEAUVILLÉ** : *Hist. de la ville de Montdidier*, t. III, p. 213.

trem inde habuerit (Fernel né dans la petite ville de Clermont, distante de vingt milles de Paris, y reçut une éducation libérale ; si, dans ses œuvres, il se dit Amiénois, c'est que son père était d'Amiens). Malheureusement Clermont doit encore renoncer à cette gloire. Il est inutile de rapporter ici tous les auteurs qui ont soutenu ou combattu cette opinion, leurs affirmations n'ont qu'une valeur égale à celle des documents sur lesquels ils se sont appuyés. Or les documents établissent d'une façon nette que Jean Fernel naquit à Montdidier, de Laurent Fernel, hôtelier en cette ville à l'enseigne du *Chat*, et de Catherine Belliart, sa femme.

Jusqu'à présent on avait à peu près ignoré le nom de la mère de Fernel. M. de Beauvillé, d'après un mémoire de François de la Morlière, conseiller au bailliage et maïeur de Montdidier dans la seconde moitié du XVIIe siècle, l'appelait Marguerite Barré, et il citait un acte du 27 septembre 1515, conservé aux archives du chapitre de Beauvais, par lequel l'hôtelier cautionnait Guillaume Barré, son beau-frère, receveur général du chapitre (1). Je ne connais pas cet acte et je ne sais s'il existe encore, mais il faut en conclure ou que Laurent Fernel épousa en premières noces une Marguerite Barré, sœur du marchand établi à Beauvais (2), ou que celui-ci avait pour femme une sœur de l'hôtelier. Car on n'en peut douter, tout autre était le nom de la mère de Fernel. Deux pièces conservées à la bibliothèque de Clermont en font foi. La première, du 31 juillet 1531, est un titre nouvel passé devant Pierre Sturbe, auditeur en la baillie de Clermont, par Laurent Fernel, marchand hôtelain, Me Jean Fernel, docteur en médecine de la faculté de Paris, et Nicolas Fernel, demeurant à Clermont, lesdits Jean et Nicolas, enfants dudit Laurent Fernel, héritiers de feue Catherine Belliart, leur mère, en son vivant femme dudit Laurent, d'une rente de 48 livres parisis léguée à l'église Saint-Samson par la défunte, en son testament du 18 mars 1529, et assise sur l'hôtel du Cygne (3).

La seconde est « unes lettres de condamnation perpétuelle passée par devant Pierre Gayant, contenant Mahieu Le Febvre, hostellain demourant audict Clermont, comme détenteur de l'hostel et lieu du Cygne, séant esdictz faulxbourgs, joignant audict Le Fèvre, aboutant à la rue qui mayne à l'hostel Dieu, avoir esté condampné envers lad. église en la somme de soixante solz tournois de rente propriétaire au jour de Penthecouste, comme plus à plain est contenu esd. lettres, qui sont en dacte du huictiesme febvrier cinq cens trente six, signées Le Sellier, ausquelles est annexé aultre titre ancien faisant mention de la rente qui est pour la fondation d'un obiit en ladicte église par Katherine Belyart,

---

(1) V. DE BEAUVILLÉ : *ibid.*, p. 221.

(2) Il semble que ce document doive être interprété de cette façon, car d'après les mémoires, évidemment erronés, d'un chanoine de Clermont, M. Fournier, la mère de Fernel, devenue veuve, se serait remariée à Amiens, lui-même se trouvant en bas-âge. Il ne faut peut-être retenir de cela que le fait d'un double mariage. (BOSQUILLON DE FONTENAY : *Personnages célèbres*, vo *Fernel.* — Bibl. municip. de Clermont, ms no 65.)

(3) BOSQUILLON DE FONTENAY : *ibid.*

en son vivant hostesse du Cyne, lequel obiit se doit dire chascun an ou mois de décembre (1). »

Quant à Laurent Fernel que nous voyons ici exploitant l'hôtellerie du Cygne, il avait autrefois exercé la double profession de pelletier et d'aubergiste, à Montdidier. C'est là que naquit le père de la médecine française. La tradition au XVIIᵉ siècle montrait encore, au faubourg de la porte de Becquerel, près de l'arbre de Guise, la maison où se balançait l'enseigne du Chat. Une cousine de Fernel, Marguerite Le Magnier, femme de Jean de Rouvroy, soutenait que le médecin, qu'elle n'avait pas connu cependant, puisqu'elle mourait en 1637, âgée de plus de 80 ans, était bien né à Montdidier, dans cette auberge ; un ancien gouverneur des enfants de la maison d'Halluin, le sieur de Lèvremont, qui avait 18 ans à la mort de Fernel, et Marthe Dufour, qui en avait 43, l'affirmaient également.

Leur témoignage, très précis, devient irrécusable quand on le fortifie de titres conservés à la mairie de Montdidier et que M. de Beauvillé a publiés ; ils montrent que jusqu'à la fin de 1509, Laurent Fernel demeura en cette ville, en qualité d'aubergiste.

Le premier est une condamnation de l'hôtelier obtenue par le procureur fiscal pour contravention à la police des rivières, du 7 novembre 1503.

Le second, du 8 juin 1508, est une reconnaissance par le même de 10 sols de surcens au profit de l'Hôtel-Dieu.

Le troisième enfin, du 30 décembre 1509, est une délibération du conseil de ville défendant à Laurent Fernel, qui allait s'établir à Clermont, d'emporter ses meubles avant d'avoir acquitté le droit d'issue et les tailles par lui dues. Le voici :

« Du pénultiesme jour du mois de décembre l'an mil cinq cent neuf, en la maison de la ville ont esté assemblées honorables personnes, c'est assavoir Richard Trouvain, maieur, Jean Herault, maistre Jean Boullé, Robert Rohault, Jean Desquesnois, Henri le Pot, Mᵉ Jean Cailleu, et Collard le Fournier, eschevins, Mᵉ Augustin Pavie, advocat de la ville, Pierre Platel, procureur de la dite ville et autres, par lesquels concordablement ensemble a esté délibéré sur la signification et advertance naguères faites par Laurens Fernel, hoste du logis du Kat du dit Montdidier, que demain, au matin, il estoit délibéré de soy départir du dit Montdidier pour aller demourer en la ville de Clermont et amenoit avecque luy ses biens ; que deffenses luy seroient faites de non transporter aucuns biens hors d'icelle ville de Montdidier, que préalablement n'eust paié et satisfait à ladite ville du droit d'issue de ville, ensemble des tailles du roy et de ladite ville, dont le brief desdites tailles du roy est jà envoié par messieurs les esleus, et pour seureté des dits droits d'issue et tailles, ou cas que ledit Fernel seroit à ce faire refusant, que le sergent exécuteur de cette présente délibération se garniroit, sans préjudice aux droits des parties, des biens dudit Fernel, jusques à la somme de vingt livres tournois, ce qui a esté fait par Jean Bellin, sergent. »

Donc jusqu'au 31 décembre 1509, Laurent Fernel habita

---

(1) Livre vert de Saint-Samson, fᵒ 24 rᵒ (Bibl. municip. de Clermont, ms. nᵒ 24). — Le *Dictionnaire encyclop. des sciences médicales*, *ibid.*, donne la forme Belian, d'après un document qu'il n'indique pas ; ce doit être le résultat d'une mauvaise lecture.

Montdidier. Quel qu'ait été l'âge du médecin en 1558, 72 ou 52 ans, il faut bien admettre qu'il naquit en cette ville. Cela est si vrai que dans tous ses ouvrages il se disait originaire de l'Amiénois, *Ambianas, Ambianus.*

M. Féret, qui connaissait pourtant les trois titres ci-dessus mentionnés, car il en possédait une analyse faite au XVIIIᵉ siècle, n'admettait pas la conclusion qu'impose leur lecture. Pour lui, Pierre de Saint-Romuald disait vrai, lorsqu'il écrivait en 1647 : « Fernel est né à Clermont en Beauvoisis, dans une maison du faubourg où pend encore aujourd'hui pour enseigne le Cigne. Quelques-uns l'ont appelé Ambianois, d'autant que le faubourg dans lequel il naquit, s'appelle faubourg d'Amiens. » Et M. Féret, après avoir établi, ce qui n'était nullement en question, l'exploitation par Laurent Fernel de la maison du Cygne en 1532, enchérissait en affirmant que l'hôtellerie se voyait encore en 1850, au bas de la rue des Fontaines, à l'angle de celle des Flageolets, et que cette partie de la ville, située alors extra-muros et traversée par le grand chemin de Paris à Amiens, s'appelait faubourg d'Amiens (1).

Une pareille opinion, répondait M. de Beauvillé, ne se discute pas ; autant vaudrait prendre le nom de la rue et du carrefour où l'on est né. Nous voulons la discuter cependant, parce qu'on accorde généralement aux brochures de M. Féret un crédit qu'elles ne méritent pas. Esprit curieux, ce clermontois recueillit des papiers et quelques souvenirs dont nous lui devons une grande reconnaissance, mais, dépourvu de critique, il n'était pas suffisamment préparé aux travaux qu'il avait entrepris. S'il avait su interroger les documents qui étaient à sa disposition, il aurait épargné à soi-même et à ceux qui l'ont copié en toute confiance des erreurs facilement évitables.

La maison indiquée par lui au coin de la rue des Flageolets et de la rue des Fontaines, est celle qu'occupe aujourd'hui M. Labitte et qui porte le nᵒ 81 de la rue des Fontaines. J'ignore si le quartier où elle se trouve s'appelait faubourg d'Amiens, il y a cinquante ans, mais je puis affirmer que jamais, au XVIᵉ siècle et au XVIIᵉ, on ne lui a donné ce nom ; du moins je ne l'ai jamais rencontré dans les nombreux titres de cette époque que j'ai pu consulter. La rue actuelle des Fontaines a toujours été désignée quant à sa partie haute, comme « *la rue menant ou descendant aux fontaines* » ; les habitations de la partie basse étaient dites « *au-dessous des fontaines* », quelquefois dans *la rue du fief de Limoges* ou dans la *rue qui mène à Saint-Laurent.*

Bien mieux! S'il est vrai qu'en 1850 cette maison portait l'enseigne du Cygne, c'était depuis peu. Au XVIIIᵉ siècle, au lieu des constructions aujourd'hui resserrées entre la rue des Noyers et celle des Flageolets, se voyaient des vergers ou des tanneries qui ont disparu petit à petit (2). Une seule hôtellerie dans

(1) Féret : *Un mot sur Fernel et sur le lieu de sa naissance.* Clermont, Ch. Huet, 1851, in-8ᵒ, 7 pages.

(2) Au XVIIᵉ siècle, la maison Mouquet dont il s'agit était occupée par une tannerie, comme on le voit par un cueilloir de Saint-Laurent, de 1623 :

« Jehan Gambart et la vefve Noel Naze pour leurs maisons et tennerye, faisant le coing de la rue des Flojoletz (sic)..... .... VII s. 1 d.

« La vefve feu Pierre Foullon pour leur maison et tennerye, faisant l'autre

ce côté de la rue invitait au repos les voyageurs amenés par les diligences : c'était l'hôtellerie des Trois-Rois, tenue par Jean-Baptiste Duplessis et Anne Pasquier, sa femme. Ils l'exploitaient du moins au 30 mars 1746, quand ils présentaient au lieutenant général du bailliage une requête où ils disaient que, par contrat du 28 janvier précédent, ils avaient acheté de Mᵉ Maupin, au prix de 79 livres de rente, une maison inhabitable qu'ils se proposaient de mettre à bas et de reconstruire. Leur commerce sans doute prospérait, car le 18 octobre 1748, devant Guérin, notaire à Clermont, ils achetaient à Pierre Sandosme, ancien ménétrier de Mogneville, établi depuis à Clermont et qui allait à Paris chercher fortune dans le métier de gagne-deniers, une maison voisine vendue, dix ans auparavant, audit Sandosme par Charles Boulliant de Montaigu et Marie-Anne Pichereau, sa femme, fille de François Pichereau, contrôleur au grenier à sel, qu'ils cédaient bientôt eux-mêmes à Jean-Charles Darcourt, marchand de laine.

Mais Duplessis meurt et sa veuve, avant 1753, se remarie avec Antoine Durieux qui continue tout d'abord l'exploitation de l'hôtellerie, puis se livre à la culture, tout en conservant son commerce et enfin achète l'office de procureur du roi au grenier à sel. C'est en cette qualité qu'il paraît dans une quittance à lui donnée par Jean-Baptiste Duplessis, sellier à Paris, son beau-fils, d'une somme de 300 livres pour le remboursement d'une rente, en novembre 1778. L'enseigne des Trois-Rois n'est plus alors qu'un souvenir.

Le propriétaire cède la maison « sise à Clermont, route d'Amiens, grande rue du faubourg des Fontaines », en avancement d'hoirie, à ses enfants Antoine Durieux, fermier et receveur de Ravenel, Jean-Pierre-Prudent Durieux, négociant à Paris, et Rose Durieux, femme d'Antoine-Pierre Vaudé, juré-priseur-vendeur de biens à Montdidier. Ceux-ci la transmettent, par contrat du 18 septembre 1789, à André Delattre, dit la Jeunesse, aubergiste à Clermont, et Geneviève-Adélaïde Bellanger, sa femme, au prix de 14.200 livres et à charge de plusieurs rentes. Delattre y continue son commerce, mais c'est vers 1824 que nous trouvons l'enseigne du Cygne, lors d'une vente judiciaire de la maison par suite de saisie sur Jean-Baptiste Hémet, qui l'avait acquise par acte passé devant Rodriguez, le 23 juillet 1822, d'Étienne-Paul-Michel Poulain, deuxième mari d'Adélaïde Bellanger. Il est inutile de pousser l'histoire de cette auberge jusqu'au jour où elle fut appropriée au commerce des grains et où l'armature en fer forgé de l'enseigne fut définitivement arrachée de la muraille. De tout cela il ressort qu'à la fin du XVIIIᵉ siècle seulement la partie basse de la rue des Fontaines prit quelquefois le nom de route d'Amiens. Les titres de la maison Mouquet nous apprennent qu'elle dépendait de la paroisse d'Agnetz, comme, d'ailleurs, toutes les maisons de ce côté de la rue en remontant jusque vers la rue de la Madeleine actuelle, et qu'elle relevait de la seigneurie de Béthencourtel.

coincg de ladicte rue..... VII s. 1 d. » (Arch. de l'hospice de Clermont, *Maladrerie de Saint-Ladre*, B 4, Cueilloir de 1623, fᵒ 6 vᵒ).

Or, l'hôtel du Cygne où Laurent Fernel vint s'établir, aboutait à la rue de l'Hôtel-Dieu, comme le montre le titre nouvel passé par Mahieu Le Fèvre en 1536, que nous avons cité plus haut, et dépendait de la paroisse de Saint-Samson de Clermont. M. Féret a donc cherché à tort au bas de la rue des Fontaines.

Nous trouvons pour la première fois mention de cette hôtellerie du Cygne dans le dénombrement de 1373. Elle était située entre la maison de l'*Épée* et celle du *Bar* et, comme la première, mouvait en partie du prieur de Breuil-le-Vert, en partie du comte de Clermont envers qui elle était chargée d'une cense (1). Il faut franchir plus d'un siècle et demi pour rencontrer un nouveau document, mais les renseignements recueillis nous permettent de dire que depuis le XVIe siècle jusqu'à la Révolution l'hôtellerie fut toujours au même emplacement.

Nous savons par M. Féret que cette maison était redevable envers la maladrerie de Saint-Laurent d'une rente sur amende, et qu'elle donnait sur la « grand rue » (2). C'est elle qu'exploitait au commencement du XVIIe siècle une famille Delaistre, originaire de Breuil-le-Vert (3) ou de Neuilly, à laquelle aucun lien de parenté ne rattachait, croyons-nous, Geneviève Delaistre, femme de Cassini. Claude Delaistre, le premier que nous voyons à l'hôtel du Cygne, était un petit personnage. Il avait pris pour femme, à une époque que nous ignorons, Gabrielle Bouffé (4) et parmi

---

(1) « Regnault de la Croix, pour sa maison au *Cisne* où il demeure, qui est tenue en partie dudit prieur, et en partie de Monseigneur, doit pour la partie Monseigneur une cense. » (Arch. nat., KK 1093, f° 35 v°). Cette maison, agrandie sans doute de plusieurs masures voisines, était chargée envers la ville, au XVIIe siècle, de cinq censes, évaluées 35 sols et 6 deniers. (Arch. de l'hospice de Clermont, *Maladrerie de Saint-Ladre*, B 7[13], f° 11 r° (Cueilloir de 1657).

(2) « Item, de Laurent Fernel, marchant hostellier, demourant ès fauxbourgs dudict Clermont, au lieu de Isambart Le Selier, pour sa maison et lieu qui fut à feu Jehan Guyot dict Vignot, séant esdict fauxbourg, faisant partie de l'hostellerie du Cigne, et laquelle fait de présent la porte et entrée d'en hault dudict hostel, joignant des deux costez et aboutant par derrière audict hostel du Cigne et d'autre bout par devant sur la grant rue. » (Bibl. de Clermont, ms n° 19, p. 110, et Féret, *loc. cit.*, p. 7).— M. Féret, dans sa brochure, écrit 24 livres ; c'est 24 sols qu'il faut lire. Je n'ai pas vu le registre original sur lequel a été exécutée la copie conservée à la Bibliothèque de Clermont ; mais les cueilloirs postérieurs sont tous d'accord avec elle et marquent une redevance de 24 sols parisis ou, ce qui est la même chose, de 30 sols tournois (Arch. de l'hospice de Clermont, *ibid.*, B 4 et suivants). — M. Féret pouvait d'ailleurs, en consultant les cueilloirs de la maladrerie, connaître d'une façon à peu près exacte l'emplacement du Cygne. Le cueilloir de 1575 note en effet que « la maison du jeu de paulme et aultres descendans jusques à l'hostel-Dieu et retournans sur les Fiens ne paient rien, ny pareillement celles depuis le coing d'embas de l'aultre costé de la rue en remontant jusques au dessus de la porte de derrière le Cigne. » (Arch. de l'hospice, *ibid*[l]. B 7[1], f° 6 r°).

(3) *Minutes Macqueron* (Étude de M° Dufrénoy), *passim*. Dès avant 1532, je trouve qu'un Jean Delaistre, propriétaire à Breuil-le-Vert, avait cédé quelque bien à Jean Chrestien, marchand. (Arch. de l'hospice, *Maladrerie de Saint-Ladre*, B 1, f° 50 r°).

(4) C'était peut-être la fille de son prédécesseur. Car si en 1575, Nicolas Mesgret exploitait le Cygne, en 1596 et en 1600 nous y trouvons un Nicolas Bouffé. « De Nicolas Mesgret au lieu de Laurens Fernel ou de ses héritiers, ou de Nicolas Bouffé au lieu dud. Mesgret, pour sa maison et hostel où pend pour enseigne le Cigne, scize ès faulxbourgs dud. Clermont, joignant d'un costé à la veuve de feu Clément Le Roy, d'autre aux hoirs de deffunct

les parrains de ses nombreux enfants nous remarquons Jean Billouet, lieutenant en la maîtrise des eaux et forêts de Clermont ; Antoine de Lobel, médecin ; Philippe Gayant et Philippe Guérin, avocats, tous gens à la tête de la bourgeoisie clermontoise. Des personnes haut placées, des officiers aux fonctions importantes descendaient chez lui. Lui-même avait voulu se pourvoir d'une charge d'archer-sergent criminel au bailliage de Clermont. Un nommé Charles Després lui avait donné sa procuration *ad resignandum*. Mais lorsque Claude Delaistre se présenta pour se faire recevoir devant M° Daniel de Rebergues, lieutenant criminel de robe courte, celui-ci lui apprit qu'il venait trop tard, la place étant prise depuis quinze jours (1). Ce fut un léger mécompte dans une suite d'affaires heureuses qui lui permettaient d'acquérir soit des rentes, soit quelques pièces de terre à Breuil-le-Vert, à Ronquerolles, ou de prendre à ferme les droits de huitième des vins dans certaines paroisses. Un de ses fils, François, était établi orfèvre à Paris ; un autre, praticien, du nom d'Étienne, entrait dans une vieille famille en se mariant avec Charlotte Pulleu, fille de feu Nicolas Pulleu, avocat à Clermont, et de Claude de Valicourt (2). Un autre Claude, marchand épicier, marié par contrat du 16 janvier 1631, avec Louise Noiret, fille d'Adrien, laboureur à Breteuil, et de défunte Catherine Bescot, et nièce du lieutenant de la châtellenie et vicomté de Breteuil, lui succéda dans l'hôtellerie du Cygne. Un quatrième, Isaac, baptisé le 17 décembre 1612, devint commissaire ordinaire de la marine (3).

Le partage des biens se fit le 26 juillet 1636, devant Nicolas Gayant, prévôt de Clermont, mais la liquidation fut difficile. Contrat de bail à rente de l'hôtel avait été passé, le 4 novembre 1638, en faveur de Claude Cottu, qui en disposa au profit de Claude Delaistre le jeune (4). Mais le payement des rentes tar-

Guillaume Lefebvre et sa femme, abouttant d'un bout par devant sur la grand rue menant aux Fontaines, d'autre par derrière à la ruc de Charitté,... 24 s. p. »

Aux premières années du XVII° siècle, un Laurent Bouffé, « hateur » de cuisine ou « potager » de la reine-mère, demeurait à Neuilly-sous-Clermont. En 1640, le 3 mai, Jean Lemoyne, « écuyer, archer des gardes du roi », demeurant à La Neuville-en-Hez, assisté de Louis (?) Leroy l'aîné, ancien prévôt de la Neuville, contractait mariage avec Christine Bouffé, fille de Laurent Bouffé, écuyer de cuisine de la reine-mère, demeurant à Neuilly. La future, qui apportait une dot de 4000 livres, était assistée de Madeleine Delaistre, veuve de M° Charles Abraham, prévôt de la baronnie de Mello, son aïeule maternelle, et de M° Laurent Abraham, prévôt de ladite baronnie, son oncle (*Minutes Fr. Chardon* : étude de M° Dufrénoy).

(1) Acte du 18 février 1613, *minutes d'Antoine Macqueron* (Étude de M° Dufrénoy).

(2) Acte du 14 juillet 1628 (Arch. de l'hospice de Clermont, B 19).

(3) Arch. de l'hospice de Clermont, B 84.

(4) Les relations exactes de Claude Cottu et de la famille Delaistre, en ce qui touche le Cygne, ne nous apparaissent pas d'une façon précise. Car, le 6 mai 1646, Claude Cottu, qualifié maître de l'hôtellerie du Cygne, reconnaissait être propriétaire de deux minimes parties (un 18° et un 24° en la moitié) de cette maison, et comme tel s'engageait à payer à Claude Delaistre, marchand à Clermont, une somme de 20 livres, 13 sols, 9 deniers, faisant moitié d'une rente perpétuelle qu'avait droit de prendre ledit Delaistre comme héritier partiaire de Jean Delaistre, son père (*Minutes Tancart* : étude de M° Dufrénoy). Au 8 août 1654, nous trouvons comme maître du Cygne, Moyse

dait trop et sur une requête d'Étienne Delaistre, agissant en son nom et au nom de ses cohéritiers, on procéda à la criée judiciaire. La désignation de l'immeuble est ainsi libellée :

« Une maison et hostellerie où pend pour enseigne le *Cigne*, scize ès faulxbourgs dudict Clermont, au devant du grand carrefour Sainct André, se consistant en plusieurs corps de logis, chambres, granges, estables, cours, jardins, cave, escurie, jeu de paulme avecq une petite maison y attenant dans laquelle demeure Gabriel Cottu le jeune, circonstances et deppendances, les lieux comme il s'estendent et comportent. Dans le principal corps de logis de ladicte hostellerie est à présent demeurant Œslizabeth Stardin, vefve de Estienne Caurenlieu, et dans les deux corps de logis de devant est aussi demeurant Pierre Metteier le jeune, marchand. Joignant le total d'un costé par hault à la vefve et héritiers Nicolas Dault et autres, d'aultre par bas aux héritiers Jean Brunel, menusier, Estienne Rebours à cause de sa femme, et à la maison et hostellerie de la *Couronne* et aultres, d'un bout par devant sur la grand rue et pavé dessendant aux Fontaines, d'aultre bout par derrière, à cause dudict jeu de paulme et petite maison, à la rue quy dessent à l'hostel-Dieu dudict Clermont (1). »

La vente par décret eut lieu en 1665 et l'acquéreur fut Claude Polhec de Belesbat, qui exploita lui-même l'hôtellerie jusqu'à sa mort arrivée le 13 septembre 1674 (2). Il nous importe peu de savoir dans quelles mains elle passa par la suite jusqu'au moment où les héritiers de Me Jacques Franquerue la vendirent, par contrat du 5 août 1711, au sieur Philibert Docq, seigneur de Mérard, et à Jeanne-Elisabeth Simonet, sa femme, qui d'ailleurs la cédèrent, le 30 mai 1719, devant Jean François, notaire, à Nicolas Aubert, pâtissier, et à Jeanne Le Goubé, sa femme. Nous pouvons à coup sûr identifier la maison où vint demeurer Laurent Fernel. Elle est bien celle à la vente de laquel-

---

Baslerie (*alias* Basseryc) dans un contrat d'apprentissage passé avec Me Jacques de Cullembourg, apothicaire, au profit de Nicolas Goudonesche, de Paris (*Minutes Pulleu* : même étude). Enfin, un autre Claude Delaistre, marié à Élisabeth du Saulsoy, est dit maître du Cygne dans un acte du 20 avril 1656. C'est sur lui sans doute que se fit la criée judiciaire.

(1) Arch. de l'hospice de Clermont, B 84.

(2) Ibid., B 19 et B 86, f° 2 v°. — Je ne veux pas quitter les Delaistre sans montrer par quelques actes l'élévation rapide à laquelle arrivaient les gens du peuple sous l'ancien régime. Un fils d'Étienne Delaistre, Jean, avocat en parlement, se mariait par contrat du 28 février 1666, avec Marie Tavernier, fille de feu Charles Tavernier, lieutenant particulier en l'élection de Clermont, et de Geneviève Truyart ; il recevait en dot la part de sa mère dans la seigneurie de Monceaux et diverses rentes. Il achetait en novembre 1678, pour 7000 livres, d'Étienne de Rebergues, des héritages à Canettecourt, Breuil-le-Vert, Giencourt et Neuilly. Devenu veuf, il se remariait, par contrat du 13 avril 1679, avec Andrée de Guernes, veuve de Pierre Roger, notaire, et se faisait recevoir en 1686, assesseur en la maréchaussée de Clermont ; il mourait peu de temps après, laissant quatre enfants. Dans le conseil de famille de l'un d'eux, Jean, qui, prêtre habitué en l'église Saint-Samson de Clermont, en 1696, chapelain du château de Nointel, prêtre habitué à Pont-Sainte-Maxence, et enfin chanoine de la collégiale de Mello, était atteint de démence en 1734, figurent les noms des vieilles familles clermontoises, aujourd'hui disparues ou dispersées, dont les membres, presque tous qualifiés, occupaient des fonctions importantes ici ou à Paris.

le, en 1665, les pairs et gouverneurs de Clermont, en qualité d'administrateurs de Saint-Laurent, formèrent opposition ; celle pour laquelle, le 3 décembre 1723, le maire perpétuel acceptait, de Nicolas Aubert, un titre nouvel passé en faveur de l'hôpital, à cause de la maladrerie qu'un arrêt du Conseil privé, du 28 septembre 1693, avait unie à cet établissement charitable (1). Depuis 1723 jusqu'en 1762, il est vrai, nous n'avons rencontré qu'une seule mention de l'hôtellerie qui nous occupe, au sujet d'une saisie féodale faite pour devoirs non payés en 1743, sur Cosme Lemaire, à la requête de Georges Gougenot, écuyer, tuteur onéraire du prince de Condé ; mais le voisinage de la *Couronne*, qui appartenait à M. Crotey de Bonval (2) ; les titres de l'auberge du *Barbeau*, connue au XVIIIe siècle sous le nom de la *Croix d'Or*, puis sous celui de *l'Épée* ; la désignation de la maison nous font croire que la vieille hôtellerie de Fernel n'avait pas laissé passer à une autre son enseigne quatre fois séculaire et qu'Antoine-Vincent Chrétien, qui y résidait en 1768 comme gendre de Louis Caron, était le successeur direct de l'ancien aubergiste du *Chat*. Le Cygne portait alors le numéro 109 et comprenait 12 chambres, ayant 23 lits ; deux écuries doubles, présentant une longueur totale de 142 pieds, pouvaient recevoir quelques-uns des nombreux chevaux amenés jadis à Clermont par le commerce des grains (3).

Mais la Révolution vint, apportant des changements jusqu'aux devantures des boutiques et démocratisant les enseignes ; il fut question en 1794 à Clermont d'imposer de nouvelles dénominations prises dans le catalogue des fêtes décadaires. L'hôtel qui nous occupe changea-t-il alors de nom ?

Nous ne savons. Mais au 9 nivôse an X (30 décembre 1801) nous le retrouvons avec son antique enseigne. Chrétien le vendait à cette date à un cultivateur de Maisoncelles-Saint-Pierre, Charles Sangnier, au prix de 12.696 fr. 35, et le prenait immédiatement à bail pour trois années, moyennant une redevance de 1100 francs. Le *Cygne* était alors formé de la réunion de trois maisons, dont une moitié appartenait à la femme de l'aubergiste Chrétien comme héritière de Louis Caron, son père ; l'autre moitié leur appartenait par suite d'acquisitions faites sur leurs cohéritiers (4). Charles Sangnier vendit bientôt l'hôtel et, le 24 vendémiaire an XII (17 octobre 1803), Louis-Jengou Tassart et Marie-Cécile Bellanger, sa femme, en devinrent acquéreurs. Ils abandonnèrent la blanche enseigne qui avait invité les voyageurs chez Laurent Fernel, et prirent celle d'une auberge voisine qui venait de disparaître : la *Grosse-Tête*. Quand la maison changea de mains par la cession qu'en fit, le 9 septembre 1818, Louis-Jengou Tassart à François-Stanislas Morenvillé, pâtissier-traiteur à Paris, et à Françoise-Adélaïde Roussel (5), elle changea également de nom et la *Grosse-Tête* devint le *Croissant*. Le propriétaire cherchait à la vendre en octobre 1840.

(1) Arch. de l'hospice de Clermont, B 20.
(2) Arch. du Musée Condé, G 12, n° 15.
(3) Arch. commun. de Clermont. Dénombrement de 1768.
(4) *Minutes Darcourt* (Étude de M° Dufrénoy).
(5) *Minutes Antoine-René Delaplace* (Étude de M° Plivard).

« Cet hôtel, lit-on dans les Annonces, a une entrée sur chacune des routes, de Paris à Amiens et de Clermont à Beauvais, par une porte cochère et par une jolie grille en fer ; il est dans une belle position, avantageusement connu depuis plus de vingt ans, bien achalandé, solidement construit : quatre diligences s'y arrêtent chaque jour, cinq relais y séjournent continuellement et on y reçoit beaucoup de chaises de poste (1). » Morenvillé y avait fait des agrandissements et ne trouva pas sans doute d'acquéreur comme il le souhaitait. Il le donna en dot à son fils, Pierre-François-Aristide, qui le vendit, le 9 mars 1851, à M. Ludovic-Jean-Baptiste Lesueur, marchand de bois, à la condition expresse que dans les trente années qui suivaient le contrat, on n'y pourrait pas exploiter un fonds d'hôtel (2) : le vendeur ne voulait pas, à cause de l'hôtel des *Deux-Épées* qu'il venait d'acquérir (5 avril 1850), voir la concurrence s'établir en face de lui. On sait quel tragique événement fit disparaître, en 1883, la scierie mécanique et le commerce de bois installés par M. Lesueur et comment une Société, après la disparition de l'hôtel des Deux-Épées et trente ans révolus, reprit la maison du Croissant. C'est aujourd'hui l'hôtel *Saint-André*, qui porte le n° 4 de la rue des Fontaines.

Bien des transformations s'étaient opérées depuis le XVIᵉ siècle. Le percement de la rue d'Amiens avait permis de faire une nouvelle entrée plus agréable et mieux accommodée que l'entrée étroite donnant sur le carrefour Saint-André. De tout ce qui fut témoin des premières années de Fernel, douleurs fugitives ou plaisirs vite envolés, il ne reste plus rien sans doute. Ce grand homme fut si peu nôtre d'ailleurs ! Né à Montdidier, élevé au petit collège de Clermont dont les maîtres ne satisfaisaient pas sa jeune intelligence, il partit de bonne heure pour Paris, malgré les larmes de sa mère qui le voulait garder auprès d'elle. L'ardeur qu'il mit au travail, la maladie qui en fut le résultat, son cours de philosophie et de mathémathiques au collège Sainte-Barbe, l'étude de la médecine, puis son mariage durent le retenir à Paris, et il ne revint probablement en notre ville qu'autant que ses occupations nombreuses le lui permirent ou que ses devoirs de famille l'y rappelèrent, c'est-à-dire fort peu. J'imagine cependant qu'il aima Clermont où une partie de son enfance s'était écoulée et où sa mère était morte ; qu'il préféra sa patrie d'adoption à son pays d'origine où il avait éprouvé par la suite des difficultés assez vives, à ce point qu'il disait que, puisque Montdidier lui faisait perdre son bien, il lui ferait perdre son nom. J'imagine qu'il tint parole et que pour cette raison Guillaume Plancy a placé sa naissance à Clermont. Notre ville peut en être reconnaissante à Fernel et, tout en rendant hommage à la vérité et à l'histoire, garder un souvenir ému de celui qui, visité par la gloire, vint se ranger ainsi au nombre de ses enfants.

(1) *Journal de Clermont*, 1840, n° 40.
(2) *Minutes Etienne-Éloi Grignon* (Étude de Mᵉ Plivard).

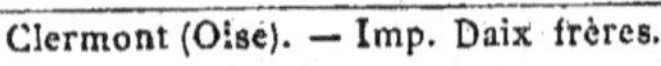